AF298161

L'HIVER A ALGER

CHARLES DESPREZ

DEUXIÈME ÉDITION.

SE VEND AU PROFIT DES PAUVRES. — PRIX 50 CENTIMES.

<table>
<tr><td>ALGER</td><td>PARIS</td></tr>
<tr><td>—</td><td>CHEZ CHALLAMEL</td></tr>
<tr><td>Chez tous les libraires.</td><td>Rue des Boulangers-St-Victor, 30</td></tr>
</table>

Mars 1861.

L'HIVER A ALGER

I

Lettre d'un compère à sa commère.

Vous m'écrivez, chère Madame, que vous lisez mes feuilletons et qu'ils vous intéressent, comme tout ce qui vient d'un ami. Cependant ne vous êtes-vous pas dit quelquefois : voilà ses bons instincts, sauf l'exagération ; je reconnais son style, à part l'abus des épithètes et la boursouflure des périodes ; c'est son cœur, mais il pose ; sa main, mais il a des gants. Rien de plus vrai. Ce public, si restreint qu'il soit, pour lequel je travaille depuis quatre mois bientôt, m'intimide. Il me semblerait manquer de respect envers lui, si je ne le gorgeais de métaphores et de terminaisons cicéroniennes. Aussi, comme pour les vers asclépiades où certains mots ne pouvaient entrer à cause de la mesure, ai-je limité mes confidences aux impressions qui comportent le nombre et la majesté du débit. De là, bien des particularités écartées, bien des détails omis, où vous auriez retrouvé l'artiste en blouse et le causeur au naturel. Je veux essayer aujourd'hui de combler cette lacune en m'adressant à vous seule. Libre à chacun pourtant d'écouter à la porte ; mais je récuse, pour l'heure, toute autre juridiction que celle de votre cœur sympathique et de votre esprit indulgent.

Vous pensez bien que je me suis soustrait le plus vite possible au campement préliminaire de l'arrivée. Rien n'est ennuyeux comme la vie des hôtels pour un séjour de quelque durée. Ces domestiques cérémonieux qui vous embarrassent plutôt qu'ils ne vous servent, cette table où les convives se renouvellent à chaque repas, ce perpétuel va-et-vient de malles, de portefaix et de voyageurs, rendent l'installation illusoire. Quoique à demeure, on se sent néanmoins ballotté comme un jonc dans une eau courante. Je m'étais assuré d'avance un logement au second étage d'une maison que son exposition chaude, sa situation centrale, et peut-être même aussi quelque peu son nom poétique (*la maison d'Apollon*), recommandaient à mon choix. J'en ai pris possession aussitôt les fêtes, et je puis le citer comme une véritable trouvaille. L'ameublement en est commode, luxueux même, pour une ville où trente ans et plus de colonisation n'ont guère amélioré le provisoire insuffisant des premiers jours de la conquête. Une portière en damas sépare le salon de la chambre à coucher tendus l'un et l'autre d'un joli papier dont les fleurs en camaïeu clair se détachent par bouquets sur un fond d'or guilloché. Mon lit a cinq pieds de large, excellente tradition contre laquelle conspirent, hélas! les proportions de plus en plus mesquines de nos habitations parisiennes. Il est incliné, bas, élastique à souhait. J'ai fauteuils, canapés, voltaire. La toilette et l'armoire à glace ont du style de Kreiger dans la coupe. Tout cela, quoique en bois d'acajou, est gai, serviable, attachant, et simule, à vous y tromper, le chez soi. Vous savez d'ailleurs combien l'habitude des voyages m'a rendu l'emménagement prompt et facile. Vous seriez entrée deux heures après moi dans l'appartement que vous l'auriez cru occupé depuis des mois. Aux murs s'étalaient déjà mes dessins des Pyrénées, mon thermomètre de campagne, une mappemonde, des photographies de circonstance et les eaux-fortes préférées de mon ami le gentilhomme campagnard de Fontenay-le-Comte. Le guéridon était couvert d'albums, de brochures, de manuscrits ; et la console, chargée de livres spéciaux qu'en prévision de l'hivernage j'ai fait venir de Paris, jouait supérieurement la bibliothèque. Puis, brochaient sur le tout, des pots de fleurs et des bouquets dans l'eau. Je compléterai cette énumération par le secrétaire, véritable bureau ministériel avec sa large tablette et ses douze tiroirs dans lesquels sont rangés avec un ordre qui facilite le travail, mes papiers, mes lettres, mes notes et ces mille petits outils, buvard, règle, canif, gomme, estompes, pinceaux, dont se compose avant tout le bagage de l'écrivain et de l'artiste. Que d'heures bénies j'ai déjà passées devant ce meuble utile, le crayon ou la plume en main, tandis que mon regard, cherchant l'inspiration, errait sur les objets aimables disposés autour de moi, ou faussant compagnie à la page en train, s'élançait par les fenêtres et se perdait en contemplations délicieuses!

J'ai trois grandes fenêtres dont les doubles rideaux toujours écartés laissent entrer librement les rayons du soleil, les reflets de la lune et la clarté des nombreux becs de gaz alignés dans le voisinage. A proprement parler, je vis en pleine rue, car ce qui m'abrite est plutôt une loge de cristal, une serre, qu'un appartement. Où que je sois, près de la table, sur le divan, à mon bureau, dans mon lit, mes yeux jouissent du paysage, et les trois grandes glaces qui ornent les trumeaux multiplient indéfiniment les perspectives. Deux des fenêtres sont à l'Ouest. Elles regardent la petite place aux orangers, la jolie fontaine aux vasques de bronze, les galeries de La Tour-du-Pin, les tours et la croix d'or de la cathérale, le dôme octogone de la nouvelle synagogue, et, se dressant en pente rapide jusqu'aux régions foncées du zénith, le curieux éventail des maisons d'Alger dont les cubes superposés, sans baies ni toits qui tachent l'albâtre immaculé de leurs façades, reflètent avec une rare pureté les nuances les plus délicates du soleil et les tons les plus fins de l'ombre. Les murs crénelés de la Casbah et les arceaux évidés d'un aqueduc ancien couronnent dignement cette étagère monumentale. La troisième fenêtre est plus riche encore. Elle ouvre en plein midi. Pour en faire un tableau complet, il faudrait vraiment décrire la ville et la province entière, car elle en domine tous les points principaux.

D'abord, la belle mosquée de la Pêcherie avec ses voussures éblouissantes, ses croissants symboliques et son minaret bizarrement affublé d'un cadran lumineux ; la place du Gouvernement avec son allée de platanes, sa statue, ses bancs, et la balustrade en granit qui forme balcon sur le quai. J'ai déjà tâché de peindre ce quartier central d'Alger où les affaires et le plaisir attirent incessamment la population; mais je n'ai montré que la millième partie des épisodes toujours intéressants qui s'y déroulent sous mes yeux. Et j'essaierais d'en faire maintenant une esquisse nouvelle, qu'il me faudrait recommencer demain. C'est une de ces choses ondoyantes dont parle Montaigne, et qui se dérobent au crayon. Il faut les voir, voir et revoir. Au loin se développent, dans les régions sereines du double azur de la mer et du ciel, le port avec ses mâts enchevêtrés, la digue, la baie. le verdoyant rivage du Hamma, les pentes veloutées du Sahel, et les cimes dentelées de l'Atlas et du Djurjura qui, bleu pâle le jour, s'éclairent, au couchant, des plus vives lueurs. Enfin, hormis les grands hôtels dont la situation est excellente mais qui ne conviennent qu'aux étrangers nomades, il serait difficile, je crois, de trouver dans toute la ville un local aussi commode et aussi agréable que le mien. La plupart des chambres meublées sont petites, sales, médiocrement garnies, et fourrées dans des rues étroites où le soleil ne pénètre jamais. Ce défaut de confortable est probablement la cause du peu de succès de notre colonie comme séjour médicateur ; mais nul doute qu'aussitôt après la construction du boulevard qui doit border le quai d'une longue file de maisons élégantes où les arts réunis de l'architecte, du décorateur et du tapissier pourront se donner carrière, nul doute qu'alors les natures délicates ou valétudinaires n'abandonnent pour Alger toutes les stations d'hiver où la mode plus encore évidemment qu'un choix bien entendu les expédie depuis tant d'années.

Je suis allé déjà pendant les mois d'octobre et de novembre à Hyères, à Nice, à Naples, et nulle part dans ces infirmeries si vantées je n'ai trouvé le délectable climat dont nous jouissons ici depuis le commencement de l'automne. C'est notre été de France moins ses ardeurs caniculaires et les dangereux soubresauts de sa température. Le thermomètre varie à peine entre 18 et 22 degrés centigrades. Il éclate bien de temps en temps quelque orage. Un jour, il pleut à tout noyer ; et puis le ciel redevient si longtemps pur, l'air si doux, la mer si calme et les arbres si parfaitement immobiles, qu'on dirait la nature endormie dans l'éternel repos et l'infinie béatitude. Paris et nos départements du Nord ne sont guère auprès qu'une manière de Sibérie. Pour comble de disgrâce, les frimas de cette année y renchérissent, paraît-il, en rigueur, en précocité, sur ceux des années communes. Le courrier nous apporte, aussi régulièrement que le permettent les intempéries de son point de départ, le bilan de vos misères. Il pleut, il grêle où vous êtes, un vent glacé vous coupe la figure et vous poursuit jusqu'au coin du feu devant lequel vous demeurez transis des journées entières. Vraiment, quand je parcours ici nos champs si riches de verdure, quand je respire le suave parfum des haies en fleurs, quand je vois les papillons voltiger par milliers, et les oiseaux se jouer en chantant dans les ombrages, je ne puis imaginer qu'au même instant, à soixante heures et moins de distance, les roses sont flétries, les bois dépouillés, les rossignols muets, les chemins fangeux, et les toits hospitaliers de Farcy-les-Lys blancs de neige. Vous allez crier à l'exagération, au poète ! Voulez-vous de la statistique ? En voici que j'ai tirée d'un gros bouquin bien érudit publié récemment par les docteurs Bertherand et Mitchell. Et d'abord, vous me l'accorderez, ce serait enfoncer une porte ouverte que de prouver la supériorité du climat d'Alger sur celui de Paris où la moyenne de la température hiémale ne s'élève guère au-dessus de 4 degrés ; aussi, prendrai-je pour point de comparaison des stations plus généralement adoptées par les malades. Eh ! bien, tandis que la moyenne des mois frais. et par mois frais, j'entends novembre, décembre, janvier, février, mars et avril, n'est à Madère que de 15 degrés, à Malte de 14, à Malaga de 12, au Caire de 11, à Rome et à Nice de 9, à Pau de 8 ; elle atteint ici presque 17 degrés. Maintenant, comme uniformité de température, Alger défie également tous les autres pays, Madère même, si renommé. La principale objection qu'on ait faite au séjour d'Alger, c'est la fréquence des pluies d'hiver. Je n'en ai encore vu que de rares échantillons. J'avouerai qu'elles sont diluviennes, et qu'il tombe en une heure autant d'eau qu'à Paris en huit jours, mais la statistique est encore là pour donner raison à mes préférences. Tandis que Rome compte en moyenne 117 jours de pluie par an, Paris 144 et Londres 178, Alger n'en a que 95 ; et si comme de droit, on retranche de ce chiffre les jours où l'eau ne tombe que de nuit, il se trouve réduit à 54. Enfin, dans la grande majorité de ces jours même, le mauvais temps ne dure qu'une heure ou deux ; car les pluies d'Afrique au lieu de tomber lentement et sempiternellement comme dans le Nord, procèdent par averses répétées, abondantes, mais de courte durée. Vous voyez donc que, même aux époques les moins favorables, janvier et février, dit-on, nous ne serons jamais bien à plaindre. En attendant cet hiver relatif, nous jouissons d'un temps sans pareil en France, et si les almanachs n'étaient là pour rétablir la vérité des dates, nous nous croirions encore à la Saint-Jean. Les dames, en parure d'été, jouent de l'éventail, et les hommes n'ont encore quitté ni le pantalon blanc ni le chapeau de paille. On m'assure même que certains les garderont toute l'année sans paraître nullement ridicules. Les marchés sont approvisionnés de fleurs comme au printemps. De petits infidèles parfumés de benjoin vous suivent sous les arcades pour vous offrir des bouquets de roses, de violettes et de géranium. On s'oublie jusqu'à deux heures du matin sous les orangers; on dort la fenêtre ouverte; nombre de gens couchent à la belle étoile, et, tantôt même encore, j'ai vu des fanatiques de natation prendre leurs ébats dans la mer.

Mais, direz-vous, si les douceurs du climat ont leur charme, elles ne peuvent cependant suppléer à tous les besoins de l'esprit et du cœur. Que faites-vous du matin au soir dans cette ville étrangère, loin de vos parents, de vos amis, de vos habitudes? La nostalgie et l'ennui ne vous tourmentent-ils pas quelquefois? Je répondrai, chère Madame, par le récit d'une de ces bonnes journées qui se suivent pour moi sans interruption depuis mon débarquement sur la terre d'Afrique. Je vais me montrer, je vous en préviens, brutalement heureux, cruellement ravi, car je connais la bonté de votre cœur, et je sais par expérience que vous aimez les gens pour eux et non pour vous-même. Puis d'ailleurs, je vous promets pour la fin de ma lettre un excellent moyen de concilier désormais le goût que ce pays m'inspire avec mes affections et mes devoirs de compère. Ecoutez donc bénévolement. Je me lève à l'aube, et, malgré la simplicité sommaire de ma toilette, le soleil a déjà paru quand je suis prêt pour la besogne. Nous ignorons ici les tristes crépuscules qui mangent la moitié de vos jours. Je m'installe, au bureau si je dois écrire, à la fenêtre s'il s'agit de lecture ou de méditation. Car, ouvrier aisément fatigable, j'allège en les variant mes travaux : un matin la composition, un autre la copie; aujourd'hui le dessin, demain

l'épistolaire. Le courrier part trois fois la semaine, et presque
toujours il emporte une ou deux de mes lettres ; aussi, m'en re-
vient-il beaucoup en échange, et je crois devoir attribuer surtout à cette correspondance active la facilité avec laquelle j'ai
pu demeurer si longtemps éloigné de ceux que j'aime. La poste
est située dans une cour mauresque ornée d'une fontaine om-
bragée par des bambous. C'est là, chère commère, au doux mur-
mure des eaux jaillissantes, à l'abri des feuilles lancéolées du
roseau indien, que je lis vos lignes chéries, et, qu'échappant aux
effets très réels ici, prétend-on, du lotus qui fait oublier la patrie, je me retrempe de tendresses et m'enivre de souvenirs.
Après le travail de tête, les exercices du corps. Suivant une habitude depuis longtemps prise et qui continue à me réussir, je
fais tous les jours de la gymnastique. J'ai trouvé quelques ins-
truments au lycée, mais j'aurai beau forcer le biceps et multi-
plier les cabrioles, je n'arriverai jamais qu'à des résultats peu
dignes de la postérité. Il n'y a qu'un trapèze. Or, vous le savez,
de même qu'il faut trois points pour déterminer un plan, trois
examens pour produire un avocat, trois couleurs pour symbo-
liser la liberté, il faut trois trapèzes pour faire un Léo-
tard. Je déjeûne à dix heures, tantôt dans un restaurant, tantôt
dans un autre. Je ne vous les donnerai pas comme des Véfours,
mais ils me suffisent. Une tranche de mouton grillée, des
légumes frais cuits dans le beurre, on prépare cela bien partout ; les ragoûts seuls demandent une intervention magistrale,
et vous savez si je les évite. Les productions maraîchères du sol
conviennent du reste parfaitement à mon régime. Au lieu de
ces fades pommes de terre et de ces insipides conserves aux-
quelles vous êtes déjà condamnée, nous mangeons ici les primeurs de mai : petits pois, artichauts, asperges, haricots verts
ou en grains nouvellement écossés, grenades, figues de Barbarie,
arbouses, goyaves, bananes. Le gibier abonde. Il n'est si petit
cabaret qui ne puisse offrir à bas prix lièvres, vanneaux, sar-
celles, perdrix rouges. Quant aux poissons, leur qualité varie
entre la sole et le rouget, le congre et la dorade ; mais il y a des
crevettes, des huîtres, et, pour l'amateur d'excentricités gastro-
nomiques, des tortues, des polypes et des escargots.

Loin de trouver la journée longue, elle me semble toujours insuffisante. Irai-je feuilleter les journaux, compiler à la bibliothèque, griffonner dans ma chambre ou flâner dans les environs? Les livres ont tant d'attrait, mais la campagne est si belle ! Ne pouvant cumuler, j'alterne : un jour au cercle où j'accompagne nos braves devant les forts du Peïho, Garibaldi sous les murs de Capoue, et Mané, Tecel et Pharès dans les colonnes de l'*Indépendance*. La politique m'ennuie-t-elle? je n'ai qu'à faire un pas vers les rayons dont le mur est garni pour me trouver transporté comme par enchantement au milieu des plus gais causeurs de tous les temps et de tous les mondes : Horace, La Fontaine, Walter-Scott, Topffer, de Musset ; et je ne me souviens pas, tant leurs propos me charment, de leur avoir encore une seule fois faussé compagnie pour les plaisirs dégourdissants du billard et les émotions palpitantes du lansquenet dont on voit les joueurs s'escrimer dans la salle voisine. Un autre jour, la bibliothèque. Placée dans un superbe palais mauresque, dont je vous ferai quelque part ailleurs la description, elle renferme tous les ouvrages qu'on a publiés jusqu'à présent sur l'Algérie : in-folios, brochures, histoires, vers, contes, légendes, économie, agriculture ; le nombre en est incroyable. Les choses de l'Orient et de la colonisation m'ont toujours fortement intéressé, aussi ne perdé-je aucun des jours durant lesquels le public est admis. Penché sur mes chers bouquins, comme un avare sur son trésor, je lis, j'apprends, je copie, j'entasse extraits sur extraits, et plus j'abats de besogne, et plus l'horizon des recherches s'éloigne. Il faudrait des années, et je n'ai que des heures. Pour composer, je préfère ma chambre. La solitude force l'inspiration, et les pantoufles mijotent le style. On peut se lever, marcher, déclamer et chanter au gré de l'hypallage et de la catachrèse. Une épithète vous fuit-elle ? vite un tour de salon et la voilà trouvée. S'agit-il d'une comparaison ? le refrain d'un vieil air augmente sa justesse. Enfin, rien ne mûrit une idée, rien ne corrige un plan comme les interruptions de l'entourage et les distractions de la fenêtre. Mais il arrive bien souvent que ces dernières, très insidieuses, comme vous savez, m'entraînent à l'opposé du but. Le temps est si beau ! la campagne si près ! demain il peut pleu voir. Pourquoi ne pas profiter d'un si favorable moment ? *Fugit irreparabile tempus.* Les dictons là-dessus abondent, et le paresseux y trouve, aussi bien que le piocheur, son compte. Abandonnant alors cercle, chambre et bibliothèque, j'enfile la rue Bab-Azoun et me dirige à grands pas vers les omnibus.

La rue Bab-Azoun commence à la place du Gouvernement. Elle est ornée de galeries comme à Paris la rue Castiglione. Ce genre de construction, peu profitable à nos pays brumeux, convient parfaitement au climat d'Algérie. Hiver comme été, que le soleil darde ou que la pluie fouette, il abrite le passant mais ne l'aveugle pas. C'est évidemment ce qui remplace le mieux les corridors impossibles et les voûtes condamnées de l'architecture indigène. Au lieu de la nuit et des miasmes, on a l'air pur qui circule librement à travers les portiques, et cette ombre ténue, moirée de reflets, qui, plus douce, mais plus subtile aussi que le soleil lui-même, baigne tous les recoïns, fouille tous les replis, et pénètre jusqu'au fond des caves.

On ne se figure pas combien est amusante la flânerie sous ces arcades. La foule s'y porte, et quelle foule ! toutes les races d'indigènes et toutes les variétés de colons : des messieurs qui fument, des yaouleds qui jouent, des Arabes qui posent, des dames en falbalas, des Juives au clin d'œil amoureux. Toutes les séductions du Palais-Royal sont en outre exposées aux vitres. C'est l'orfèvre avec ses bracelets de sulthani, ses œufs d'autruche garnis de filets d'or, ses aiguières, ses écheveaux de corail, sans préjudice des produits plus délicats de la bijouterie parisienne. C'est le libraire avec un portrait de l'Impératrice flanqué d'un Kabile à cheval et d'un plan colorié de la Mitidja. Viennent ensuite les épiciers à bon compte, les marchands de tabac qui donnent pour quarante sous un demi-cent d'excellents cigares. Enfin, brochant sur le tout, des confiseurs, des pâtissiers, des restaurants, des coiffeurs à l'instar de la métropole. La rue n'est pas longue. En cinq minutes on est au bout. C'est là que campent les omnibus en destination pour les pays de l'est. Le côté opposé a pour point de départ la porte Bab-el-Oued. Tous les véhicules, coupés, fiacres, pataches, chevaux, mulets et bourricots, n'eurent d'abord qu'une seule et même station, au centre

de la ville. C'était bien pour alors ; mais leur nombre croissant
chaque jour et menaçant d'obstruer tout-à-fait les rues déjà
suffisamment engorgées, on fut contraint de les rejeter au-delà
des vieux murs. Cette obligation de commencer par un voyage
à pied tout trajet en voiture a quelque chose de tant soit peu
bédouin ; mais, s'il faut en croire un bruit qui court depuis dix
ans et plus, le mal n'est que transitoire et l'avenir s'annonce gros
d'améliorations. Il s'agirait tout simplement de rebâtir Alger à
quelques centaines de mètres plus loin, dans la plaine de Mustapha, et de lui donner un tel développement de rues, de quais et
de places, que Paris malgré ses incessantes démolitions n'aurait
plus l'air, auprès, que d'un étouffoir. L'omnibus algérien res-
semble pour la forme à tous ses congénères, mais par ses mœurs
il rappelle le coucou de désopilante mémoire. Ce n'est plus, comme
chez nous, cet imperturbable vagon qui part à minute fixe et
suit toujours le même itinéraire. Loin de là ; sitôt que vous dé-
bouchez des portiques, le cocher s'empresse à votre rencontre
et met son attelage à vos ordres. Il va où vous voulez aller. Pour
les points principaux il existe un tarif. Les courses exception-
nelles sont cotées à l'amiable. Que d'autres voyageurs se pré-
sentent à temps pour la même destination, ils montent près de
vous ; sinon, fussiez-vous seul, vous partez tout de suite. Il est
vrai que l'automédon, par une lenteur adroitement calculée, n'est
jamais bien prêt à se mettre en route que quand sa voiture est
complète. Les chevaux mangeaient, ne fallait-il pas serrer l'herbe,
rétablir le harnais, fermer la portière, éprouver la mèche ? Par
exemple, une fois lancé, bien différent en cela du vieux coucou
dont l'allure prudente rivalisait avec le pas solennel des corbil-
lards, il court, il galope, il vole. De cette vitesse effrénée, qui
sent son Chiaja d'une lieue, provient sans doute le nom de cor-
ricolo que beaucoup d'Algériens lui donnent.

Il est de bonne heure, et j'ai du papier de reste. Il faut que je
vous raconte en détail ma première excursion dans la banlieue
d'Alger. C'était au commencement d'octobre, après une semaine
de pluie. Sans autre but que la campagne, et ne sachant d'ailleurs à qui entendre de tous ces cochers qui beuglaient à vous
assourdir : Mustapha ! Fontainebleau ! Café des Platanes ! je me

laissai appréhender par le premier venu et grimpai docilement
sur la banquette de sa voiture. L'intérieur en était déjà plein :
Nègres, soldats, indigènes, lorettes ; une macédoine. Nous par-
tîmes donc tout de suite, claquant du fouet, faisant notre poussière, au nez du Lézard, du Berceau-d'Amour, de la Complaisante
et vingt autres qui n'avaient point encore réalisé leur chargement.
On les a baptisés tous, et leurs noms, comme vous voyez, ne
manquent pas de tournure. Le *Sol-lucet-omnibus*, qui portait
votre compère et sa fortune, franchit avec une louable rapidité
les faubourgs, très intéressants j'en conviens au point de vue de
la colonisation, mais fort monotones aux yeux de l'artiste qui
pourrait se croire à Montmartre ou à Vaugirard, n'était là pré-
sence d'un palmier qui semble protester par son beau port africain contre les prosaïques moellons qui l'entourent, et la rencontre de cavalcades sans exemple aux bords de la Seine. L'Arabe
en voyage est bien le type le plus ébouriffant qui se puisse rêver.
S'il n'est juché sur la bosse d'un dromadaire, il trottine à cali-
fourchon sur un petit âne aux oreilles pendantes. Ses jambes
nues et bronzées touchent presque la terre. Campé sur la queue
même de l'animal, il ne semble s'y tenir que par un prodige d'é-
quilibre. On tremble toujours craignant qu'il ne tombe. Son fouet
consiste en un bâton pointu qu'il porte solennellement en manière de sceptre et dont il aiguillonne à coups redoublés sa pauvre monture. Bientôt quelques échappées alternent avec les
maisons qui peu à peu disparaissent, et la route, après avoir
côtoyé le champ des manœuvres, s'engage au milieu d'un canton
tellement boisé qu'on pourrait se croire égaré dans une forêt
vierge si l'œil n'entrevoyait par moments, entre les troncs noueux
des oliviers et les rideaux flottants des lianes, ici les pentes ga-
zonnées du Sahel avec les blanches villas qui le couronnent, là
les fertiles jardins du Hamma dont les primeurs vont délécter
chaque hiver les gourmands de Paris et de Londres. Après avoir
dépassé le cimetière musulman, l'Orangerie et le jardin d'Essai,
nous tournâmes brusquement à droite pour suivre, dans un chemin étroit, les bords de l'Oued-Kénis, au milieu du romantique
vallon de la Femme-Sauvage. Ici m'attendait une véritable sur-
prise. En parcourant précédemment le même chemin pour la

fantasia de la Maison-Carrée, je n'avais, au travers des tourbillons de poussière que soulevait le concours de plusieurs centaines de voitures galopant toutes à la fois, rien pu remarquer
sinon que la terre ressemblait à une galette qui sort du four, les
arbres à des têtes de marquis au temps de Louis XV, et les
broussailles à des incrustations de Saint-Allyre. Je retrouvais
tout cela vert, touffu et fleuri comme au printemps. Huit jours
de pluie avaient suffi pour changer le désert en oasis. Quelques
arbres à feuilles caduques, les mûriers et les amandiers, mon-
traient bien par-ci par-là leurs branches déjà nues, mais des
festons de clématites et des pans de volubilis habillaient ceux
que les cactus, les yeuses et les caroubiers, toujours richement
garnis, ne suffisaient pas à cacher. Au fond du ravin se balan-
çaient en phalanges serrées des massifs de bananiers dont les
larges feuilles d'un vert glauque contrastaient avec la sombre
nuance des orangers. Sur les bords, s'enchevêtraient avec une
véritable exubérance de sève et de vie, des grenadiers inclinés
sous le poids de leurs grosses pommes couleur d'acajou, des ju-
jubiers égrénant par milliers, autour d'eux, leurs petites baies
luisantes qui ressemblent à des olives, des citronniers tout cha-
marrés de fruits déjà rehaussés d'un or pâle, et, pyramidant jusqu'au ciel, des cyprès dont les branches d'un gris satiné entou-
raient le tronc principal comme un système de tuyaux d'orgue.
Sur les flancs rapides des collines, à la crête des mamelons, s'éle-
vaient de grands pins maritimes. Il faut que la banlieue d'Alger
fournisse bien des endroits pareils pour que celui-ci ne soit pas
encore devenu la proie des villégiatures. On n'y rencontre que
deux ou trois pauvres moulins à cheval sur le ruisseau, quelques maisonnettes cachées dans leurs nids d'arbustes, et le fa-
meux restaurant de la Femme-Sauvage, d'où la vallée tire son
nom.

Cette femme, que vous auriez tort de vous figurer comme une
affreuse anthropophage, était tout au contraire une douce et pâle
ingénue de Saint-Lô, d'autres disent de Salency. Trompée dans
un premier amour, elle avait quitté son pays pour venir cacher,
ou même si possible, oublier sa douleur sur les bords où croît
le lotus. Trop noblement affligée pour accepter les consolations

d'une grande ville, elle s'était retirée dans la mélancolique solitude de l'Oued-Kénis, n'emportant que quelques bons livres et
une provision de sirops. Car il faut vous le dire, la pauvrette
possédait moins de rentes que de peines. Il fallait vivre ; et, pour
concilier à son gré les besoins de l'âme avec ceux du corps, elle
ouvrit une petite boutique de rafraîchissements. Un penseur, un
artiste, un amoureux, suivait-il les méandres coquets du ruisseau,
il en goûtait d'abord la suave fraîcheur, les humides délices ;
mais bientôt, le soleil plus haut l'accablait de ses rayons. Il vou-
lait s'abriter, plus d'ombre ; fuir, chaque pas redoublait son
malaise. A moitié mort de soif, il se traînait jusqu'au lit dessé-
ché du torrent dans l'espoir fallacieux d'y trouver une dernière
goutte d'eau probablement corrompue, lorsque soudain, au travers des arbres, son œil mourant apercevait une dame blanche,
une fée, qui semblait plongée dans la lecture de quelque œuvre
céleste. Il s'en approchait : ô bonheur ! des verres d'orgeat et
de limonade se trouvaient rangés devant elle ; mais voulait-il
arracher à la jolie marchande un sourire, un mot, celle-ci, triste
et dédaigneuse, fermait son livre et regagnait sa cabane dont la
rustique simplicité ne le cédait en rien au gourbi d'un Hadjoute.
Fut-elle effarouchée par des sollicitations indiscrètes, ou navrée
d'un surcroît de chagrin, nul ne sait, mais tout-à-coup elle dis-
parut du vallon, ne laissant à sa place que des industriels vul-
gaires dont le débit, renforcé de filfil et de champoreaux, eut
bientôt pris l'allure d'un banal cabaret. Et l'intéressante éplorée ?
Sa destinée réelle est encore et restera probablement toujours
un mystère. Quelques bergers prétendent l'avoir vue courir la
nuit au clair de lune avec les chacals. Elle n'avait pour tout
vêtement qu'une peau de gazelle, et, de ses yeux démesurément
agrandis, tombaient des larmes qui brillaient comme des étoiles
et mettaient le feu aux récoltes. Les gens sceptiques, à leur tour,
parlent d'enlèvement, d'amourette, et se font fort de vous montrer la femme sauvage sous les espèces d'une grosse, grasse et
rubiconde matrone trônant derrière un comptoir de la place des
Garamantes. J'aime mieux ce que disent les bergers.

Mais revenons au Sol-lucet-omnibus. Il s'arrêtait à Birmandreïs, charmant village dont les habitations ombragées par de

sveltes platanes et de vieux oliviers, entourent à distance une
petite fontaine du plus pur cachet africain. Là se désaltéraient
des ânes, des bœufs, des chevaux, tandis que, sur les bancs ex-
térieurs d'un café, quelques indigènes accroupis se livraient aux
douceurs du kif, farniente musulman. Le paysage me plut tellement que j'ouvris mon album et me mis à esquisser une espèce
de marabout collé comme un escargot sur les pentes. Mais en
tournant la tête, j'aperçus des entassements d'un si beau caractère que je renonçai au croquis en train pour commencer une
autre page. Je m'étais assis, dans cette intention, à l'entrée d'une
espèce de grotte formée par des rochers bizarres que couron-
naient les verts éventails d'une touffe de palmiers nains, plusieurs aloès au pédoncule échelonné comme un bâton de perro-
quet, et des buissons de lentisques dont les petits fruits rouges
et brillants simulent au premier abord des ornements de corail.
Bientôt quelques tièdes soupirs de la brise m'apportèrent de ce
fourré pittoresque un parfum si suave que, devinant des fleurs,
j'interrompis mon étude et courus à la découverte. Quelle joie !
Le gazon était diapré comme nos champs au mois de mai. Je ne
pratique, vous le savez, ni l'agronomie, ni l'horticulture, et néanmoins j'aime les fleurs à la folie, les fleurs sauvages principale-
ment. Je leur trouve je ne sais quoi de plus décoratif et de plus
littéraire. Un dahlia, comme on les confectionne maintenant, n'est
à mes yeux (pardonnez au profane !) qu'une sorte de monstruo-
sité végétale dans le goût du bœuf gras et des Pyramides. Me
voilà donc cueillant, raflant, moissonnant, si bien, qu'en moins
d'une heure j'avais les mains pleines de menthes, de thyms, de
crocus, de jacinthes, de narcisses et de cyclamens. J'adore le
cyclamen. Quel doux parfum ! quel tendre coloris ! J'en ai vu
quelques pieds dans vos serres, mais combien chétifs et dégéné-
rés ! Ici, les buissons en fourmillent, et des plus beaux, et des
plus odorants. Je ne connais, pour tableau, rien d'élégant et de
caractéristique à la fois comme un pied d'aloès émaillé de cyclamens. Ces feuilles luisantes, épaisses, acérées, protégeant la
douce et frêle corolle contre le vent ou le soleil ; le précieux tubercule contre la sacrilége voracité des pour-
ceaux et la malicieuse dévastation des gamins, sont d'une oppo-

sition parfaite, et, passez-moi le mot, d'une philanthropie touchante. Où vit-on jamais un plus heureux hymen de la force et de la grâce, de la puissance et de la beauté? L'ormeau soutient le lierre, mais ne le défend pas. L'aloès et le cyclamen manquaient à Virgile.

Tout en flânant et philosophant, j'arrivai sur les bords d'un chemin singulièrement pavé. C'était, nul besoin pour le deviner de notions archéologiques, une de ces voies romaines dont les vestiges plus ou moins effacés subsistent encore dans toute l'étendue de l'ancien empire des Césars. Quinze siècles de barbarie n'avaient pu gâter ce précieux monument ; deux mois de civilisation suffiront à le détruire. Pourquoi ne pas conserver cette route comme on fait pour une inscription, pour un arc de triomphe? Les antiquités sont-elles donc si communes ici pour qu'on dédaigne un pareil souvenir? Déjà le cantonnier casse en menus cailloux les grès énormes qu'ont foulés (pourquoi pas?) Annibal, Scipion, Saluste, Bélisaire ; et, pourvu seulement que les allocations suffisent on verra prochainement le macadam commode, mais éphémère, de la voirie moderne remplacer le dallage rude, mais ferme, de l'antique édilité. C'est là surtout qu'un vrai peintre eût fait de fiers gains ! non que tous les sujets brillassent d'une égale beauté, mais nul n'était ennuyeux ou commun. Certains endroits recouverts d'un berceau de lentisques dont les troncs inclinés s'avançaient horizontalement comme des solives, ressemblaient à des tunnels. Par instants, à l'extrémité de ces obscurs corridors, apparaissait la mer de lapis avec ses vagues d'argent et ses rives d'or, terminée d'un côté par le cap Matifou que poétise le souvenir confus de Rusgunium, et de l'autre par Alger dont les maisons blanches étagées sur les flancs rapides de la Bouzaréah semblent défier les comparaisons par le nombre et la variété de leurs perspectives. Le versant de la colline où s'étend Mustapha, sans rien perdre en cachet mauresque, est encore plus riant que celui de Birmandreïs. Des voyageurs de poids l'ont comparé aux sites les plus renommés du Bosphore. Outre la mer qui en recule indéfiniment l'horizon, il abonde en charmants détails. Fabriques, terrains, naturels, tout y pose à souhait. Voici, par exemple, entre des cactus et des azédarachs,

un caroubier datant pour le moins de Jugurtha. Comme le châ-
taignier de Sceaux, le chêne d'Allouville et l'érable de Matibo,
il embrasse toute une salle à manger dans sa vaste ramure. Y
montez-vous par l'escalier de bois aux géraniums enlacés de
convolvulus, un petit Maure, joli comme le faune de Praxitèle,
guère plus vêtu que lui, vous offre en souriant la pipe et le café.
La grâce est ici partout, dans la lumière, dans les monts, dans
les plaines, dans les habitants. Si ce n'est pas le pays des beaux-
arts, c'est au moins celui des artistes.

Je fus tellement charmé de cette promenade que je la renou-
velai plusieurs jours de suite. Mais là ne devaient pas se borner
mes excursions. Depuis trois mois que j'habite ce divin pays, j'ai
déjà parcouru toute la banlieue d'Alger, visitant tour à tour le
Frais-Vallon, but préféré des cavalcades et théâtre favori des
goûters sur l'herbe ; Saint-Eugène, aimé pour son air vif et son
climat tempéré ; le Jardin d'Essai, dont les palmiers et les bambous mériteraient à eux seuls le voyage ; Kouba, aux bosquets de
chênes verts, aux sentiers rapides, aux vastes étendues ; Birka-
dem enfin, dont la fontaine arabe mérite encore l'amour des
connaisseurs, malgré l'affreux étage dont on l'a surélevée récemment au profit de la mairie communale. Mais le site qu'entre
tous j'ai choisi pour mon cabinet champêtre, lieu tout à la fois de
travail et de repos, de dessin et de lecture, c'est une petite vallée étroite et bien solitaire qui s'ouvre tout près d'une autre fontaine que nos colons, sans respect pour l'étymologie d'*Aïn-Lzrak*,
qui veut dire fontaine bleue, ont cavalièrement appelée Fontainebleau. Les omnibus y conduisent en dix minutes ; et, pour la
modique somme de vingt centimes, on se trouve, presque sans
avoir eu le temps d'y songer, transporté des rues bruyantes et
poudreuses de la ville aux calmes sentiers de la plus délicieuse
retraite. Après avoir dépassé l'Aïn-Lzrak, il faut prendre tout de
suite à droite un petit chemin tortueux, bordé d'un côté par le
mur peu élevé d'un parterre dont les hibiscus aux pétales chan-
geants et les daturas aux cornets embaumés laissent pendre sur
vous leurs rameaux flexibles, et de l'autre par un talus où se
presse une végétation luxuriante qui, loin de se reposer comme
chez nous aux premiers froids, grandit, prospère et fleurit à

mesure qu'on pénètre au cœur de l'hiver. Ce sont des bellombras (*Phitolacca dioica* de l'Amérique du Sud), des poivriers (*Schinus molle*, du Brésil), des aloès, des micocouliers, des cannes de Provence, que joint et soude pour ainsi dire un épais réseau de lianes. Ces lianes, inconnues, je crois, dans le nord de la France, et qu'on appelle ici clématite cirreuse, se dessèchent l'été pour faire place à la frondaison légitime des arbres qui les soutiennent, mais par contre, aussitôt les pluies venues, et leurs appuis dépouillés, elles se couvrent de feuilles luisantes et de fleurs dont la corolle d'un blanc verdâtre rappelle le seringa pour la forme et le fuchsia pour la pose. Au travers des longues tresses flottantes, et des mobiles draperies que forment leurs tiges entrelacées, on aperçoit un beau palmier légèrement penché sur les norias d'un puisard, et des orangers tout jaunes de fruits. La terre disparaît sous un épais fouillis de mauves, de ricins, de scilles et d'aristoloches, entre lesquels se pavane avec ses larges feuilles lustrées comme du satin, l'acanthe chère aux architectes.

Ce chemin, de deux cents pas au plus, débouche dans un petit vallon qui me semble résumer tout ce qu'on peut voir de splendide et de gracieux, non-seulement en Algérie, mais dans le monde entier. Des lauriers, des térébinthes, des génévriers de Phénicie, entre lesquels fleurissent des bruyères, des marguerites, des genêts et des boutons d'or, en ombragent discrètement les pentes. Le soleil y est si bon, l'air si tranquille et si doucement vaporeux, les montagnes et la mer y forment de si prestigieux lointains que l'esprit, reniant ses plus beaux souvenirs, abdique aussi ses plus magnifiques conceptions. J'ignore si cet empyrée possède un nom parmi les hommes ; mais qu'importe un sobriquet ridicule ou barbare ! il vaut mieux ne pas le savoir, et l'appeler, entre nous, par exemple, le Vallon des Oublis-Utiles. C'est là plus que partout ailleurs, en effet, sans en excepter ni la voie romaine, ni l'Oued-Kénis, que j'oublie les contrariétés qui, trop souvent hélas ! ont tourmenté ma vie : la bourse et ses mécomptes, l'amour et ses chagrins, le rhume et ses souffrances, l'hiver et ses frimas ; là que j'oublie ma cage dorée de la rue du Havre, et mon portier, et mon domestique, et mes clés, toutes mes chaînes enfin. Mais c'est là, par contre aussi, que les choses aimées me reviennent le plus aisément au souvenir, et la preuve, aimable commère, c'est que précisément cette épître est datée de mon vallon favori. Je l'écris à l'ombre d'un caroubier dont les fleurs en forme de grappe laissent tomber sur mon papier le pollen de leurs étamines, et dont les verts rameaux sont à chaque instant traversés par des bandes d'oiseaux gazouillards. J'ai le coude appuyé sur un coussin de bruyères dont les tiges épanouies feraient pâlir la jardinière que vous entretenez à si grands frais dans votre salon. Enfin, tout près de moi est cachée dans le tronc caverneux d'une yeuse, la provision de fleurs que j'ai butinées sur ma route et qui ce soir garniront les vases de ma chambre. Les grandes ombres qui descendent des hauteurs du Telemli peuvent seuls me décider à la retraite. Cinq minutes de promenade me ramènent à la fontaine, et dix d'omnibus à la place du Gouvernement où déjà les symphonies et les polkas font retentir leurs accords. Pour rien au monde je ne voudrais manquer ce concert qui, du reste, semble aussi très goûté de la population algérienne. Les zouaves, les chasseurs, les artilleurs et la ligne en exécutent tour à tour le programme scrupuleusement annoncé par l'*Akhbar*. La musique a lieu tous les soirs de quatre heures à cinq dans la saison fraîche, et de huit à neuf heures en été. Outre le plaisir qu'elle cause, elle est un but de promenade, une occasion de rendez-vous. C'est là, tout autour des virtuoses en pantalon garance, qu'on vient, entre la clôture des bureaux et l'heure de se mettre à table, noyer le souci des affaires en des conversations joyeuses, montrer des toilettes neuves, ou lorgner ce demi-monde dont Paris, je vous assure, est loin d'avoir le monopole.

Les plaisirs pour le soir ne manquent pas non plus. Aimez-vous le spectacle? un théâtre fort convenable (à l'extérieur du moins, car je n'y suis point encore entré) donne des opéras, des drames, des comédies. Il y a des guinguettes ou l'on danse, Dieu sait comme, et des cafés où l'on chante, hélas! Sans compter les bals maures et les fêtes d'Aïssaoua. Je ne cite que pour mémoire les réunions du grand monde qui sont, m'a-t-on dit, très comme il faut, très agréables, et dans lesquelles j'aurais déjà pu me faire présenter. Mais vous connaissez ma sauvagerie et les par-

ticularités qui l'excusent. C'est donc entre les instructives séances
du cercle et les fructueuses causeries de la place que je passe
mon après-dîner. Il faut vous avouer que je profite ici de l'inco-
gnito pour mener à mon gré cette vie d'artiste que le décorum
rend vraiment impraticable à Paris. J'entends d'ici vos lamenta-
tions. Rassurez-vous, noble dame, je ne sors presque pas en
blouse, et j'ai toujours des gants dans ma poche. Mais je m'assieds sans vergogne sur les bancs, et même (pourquoi mâcher
ma confession?) quand il fait chaud, sur la balustrade en granit.
C'est du plus mauvais ton, j'en conviens, et l'on s'expose à des
voisinages!... Mais de même que pour le chimiste il n'existe pas
de malpropreté, de même aussi le philosophe ne reconnaît pas
d'indignes. Si vous saviez ce que récèle quelquefois de bon sens
un portefaix, de sensibilité un zouave, de savoir un paveur, et
d'esprit un épicier! Mais dans cette ville où tant d'individualités
étranges se sont comme donné rendez-vous, le champ des obser-
vations est plus vaste encore. Mahonnais, Maltais, Arabe, Moza-
bite, juif, protestant, musulman, tout m'est bon ; et je vous assure que les douze mille volumes de la bibliothèque de la rue des
Lotophages ne m'en ont point encore autant appris que tel pri-
sonnier polonais, tel turcos des oasis, tel baigneur tunisien, en-
tretenu le soir, de dix heures à minuit, sur ces bancs réprou-
vés. Ce fut du reste, vous ne l'ignorez pas, la manie de quelques
grands écrivains, de fraterniser de la sorte. Rousseau, Sterne
et Walter-Scott n'ont pas craint de s'en vanter. A défaut de
tout autre point de ressemblance avec ces autorités glorieuses,
permettez-moi de revendiquer celui-là. On peut toujours, tout
en badinant, rester digne ; tout en se commettant, garder sa dis_
tance. Vous faut-il enfin, chère madame, un dernier et plus
fort argument en faveur de mes séances populaires ? Les chaises
font défaut, et tout le monde n'est pas de force à demeurer con-
tinuellement sur ses pointes. Depuis un mois pourtant, j'ai modi-
fié ces habitudes démocratiques que la solitude, plus encore
peut-être que la curiosité, m'avait fait prendre. Il m'est venu
des connaissances, des amis, mon frère, et cet aimable cousin
belge dans la compagnie duquel j'ai fait, il y a cinq ans, mon
plus beau voyage d'Italie. Nous suffisant dès lors entre nous,

c'est dans nos chambres que nous causons, dans la campagne, ou sur les canapés du cercle.

Je me couche fort tard. J'ai toujours toutes les peines du monde à me résoudre à la retraite, tant la lune brille, tant le gaz éclaire, tant les rues sont animées. Outre les Arabes, qui dorment volontiers sans autre abri que leurs burnous, on voit des gens circuler toute la nuit. Certains cafés ne ferment jamais. A quelque heure indue que l'on rentre, on trouve la porte ouverte et les becs de l'escalier allumés. Depuis trois mois que j'habite l'incomparable maison d'Apollon, je n'ai pas encore brûlé deux centimètres de bougie. Les lanternes de la place éclairent si bien mon appartement qu'il y fait pour ainsi dire jour sans interruption. Pour moi qui me réveille fréquemment, l'avantage est précieux. Les veilleuses ne remplissent pas le même but. Leur clarté vacillante et les grandes ombres qu'elles projettent ont quelque chose de funèbre. On se croit enterré. Plus de lumière ! plus de lumière ! criait Goëthe à son lit de mort. Plus de lumière a été également le principal besoin de ma vie dans nos tristes climats du nord où le soleil n'est qu'une lune, et la lune un quinquet fumeux. Je l'ai donc trouvée cette lumière, et si grande et si belle, qu'il faut, je crois, attribuer surtout à son influence la santé florissante et le bonheur constant qui me favorisent dans ce pays. Vous m'avez connu peu fervent ; admirez les effets de la reconnaissance ! il n'est plus de soir en me couchant, plus de matin au réveil, que je ne rendre grâce à Dieu, et que je ne le prie à genoux, je ne dirai pas de convertir, mais seulement d'avertir mes amis.

Car à tous il suffira de savoir pour venir. Et l'on saura bientôt, et l'on viendra bien vite, n'en doutez pas. La vapeur à laquelle nous devons déjà tant d'heureux changements ne peut tarder à modifier notre stupide existence de zoophytes. Déjà, comme si nous avions chaussé les bottes de sept lieues, nous parcourons, fort lestement et fort commodément surtout, ce magnifique exil de la vie périssable où nous rampions naguère avec la lenteur et la difficulté des tortues. Des voyages dont l'idée seule épouvantait nos vieux parents, sont devenus pour nous de simples promenades, et nous traversons la France avec moins de peine, de bagages et d'argent, qu'il n'en fallait précédemment pour aller de Paris à Melun.

Le rayon des villégiatures, autrefois si borné, s'en est agrandi d'autant ; et les bords de la mer, l'Auvergne et même les Pyrénées sont aujourd'hui pour les heureux du monde ce qu'étaient, sous la Restauration, les côteaux de Luciennes et les bords du lac d'Enghien. Les stations thérapeutiques de Provence et d'Italie voient augmenter chaque hiver le nombre de leurs transfuges. Mais ce n'est là, j'aime à le supposer, qu'un essai timide, et bientôt, grâce à la généralisation des chemins de fer, à l'abaissement des tarifs, à l'accélération des vitesses, et surtout au perfectionnement de la navigation à vapeur qui fait tache au milieu du progrès universel, nous pourrons adopter un genre de vie dont l'effet immédiat sera de prolonger nos jours avec la santé du corps et la satisfaction de l'esprit. Au lieu de rester bêtement à geler chez nous et d'envoyer nos phthisiques mourir tout seuls d'ennui, plus peut-être encore que d'épuisement, aux stations inefficaces de Madère, d'Egypte et d'Italie, nous courrons tous, grands et petits, valides et valétudinaires, riches et pauvres, fonctionnaires et administrés, vivre les mois méchants sur ces rives du Sahel, dont la supériorité climatérique enfin établie ne demande plus pour être connue de tous qu'un peu de lecture et de causerie. L'homme, dès lors rendu à cet éternel printemps dont l'ange à l'épée flamboyante croyait l'avoir à jamais déshérité, passera régulièrement six mois en Afrique et six mois en Europe. J'ai l'air de plaisanter. Nullement ! Les particuliers auraient deux maisons, les marchands deux boutiques, les théâtres deux salles, les juges deux tribunaux, l'un au nord, l'autre au sud ; et deux fois par an, le 15 octobre et le 15 avril, tout le monde s'envolerait à la fois sur l'air connu des *Hirondelles*.

Je ne doute pas, chère madame, qu'avec votre goût fin et délicat pour les belles et bonnes choses, vous ne soyez la première à donner l'exemple. Nos parents, nos amis, vous imiteront, et l'hiver prochain, la seule chose qui manque ici pour que mon bonheur soit celui d'un Dieu, je l'aurai.

Mustapha, 3 décembre 1860.

II

Histoire d'une Brochure.

La *Lettre d'un compère à sa commère*, publiée primitivement
par le *Journal de Seine-et-Marne*, obtint à Alger un succès au-
quel l'auteur était loin de s'attendre. L'*Akhbar* s'empressa de la
reproduire, et, non contents de cet énorme accroissement de pu-
blicité, nombre d'Africains demandèrent qu'un format plus commode leur permît d'envoyer aux amis et connaissances d'outre-
mer un plaidoyer dont la chaleur, disaient-ils, ne pouvait manquer de gagner des recrues à la colonie. Informé de ce désir,
j'allais tremper dans l'édition d'une brochure qui, du reste, flat-
tait mon amour-propre en même temps qu'elle servait les intérêts de mes hôtes, quand je fus arrêté par d'étranges scrupules :
— Si tout le monde allait me prendre au mot, pensai-je, que de-
viendraient nos industrieuses cités, nos fertiles campagnes d'Europe ? Qui fabriquerait ces produits, qui cultiverait ces moissons
dont s'alimente l'humanité presque tout entière ? Et ces transfuges innombrables, débarquant à la fois sur les quais d'Alger,
comment les héberger, les nourrir ? Bas encore aujourd'hui, les
loyers monteraient plus haut que ceux de Paris même. Tout
renchérirait. Et alors, adieu pour le petit rentier l'aisance hors
de laquelle il n'est sites ni climat qui vaillent ; adieu pour le
modeste artiste les gais appartements de la maison d'Apollon. Il
est vrai d'ajouter qu'à des besoins nouveaux répondraient promp-
tement des créations nouvelles. La ville, en peu d'années, décu-
plerait d'importance. Bab-el-Oued s'étendrait jusqu'à la Pointe-
Pescade, et Bab-Azoun jusqu'au Ruisseau. Des rues bien droites,

des faubourgs bien longs, des maisons bien hautes et bien uni-
formes surgiraient coup sur coup. Mais alors encore, adieu
les constructions indigènes, adieu les Arabes, adiéu le voisinage
de la campagne, adieu l'Alger pittoresque d'aujourd'hui.

Or, tandis qu'ici l'on escomptait déjà la portée de ma lettre,
elle était loin de réussir au même degré sur les bords de la Seine.
Que j'eusse manqué d'éloquence ou cherché trop peu de lecteurs,
pas un adepte ne se montra. Il plut, par contre, des opposants.
L'un craignait la distance, l'autre la traversée. Les lionnes du
Bois et les flâneurs du boulevard, s'autorisant de la façon un
peu légère peut-être avec laquelle j'avais traité le comfort et les
plaisirs algériens, faisaient la sourde oreille et juraient en chœur
de se laisser fluxionner, rhumatiser, gripper à perpétuité, plutôt
que de consentir jamais à venir se risquer dans une thébaïde où
l'on ne devait trouver, à les entendre, que des glands pour
tout potage, des écorces pour chemises, des dromadaires pour
poneys, des sorciers pour docteurs et des amulettes pour tisane.
Quelques savants même affectaient de croire que la littérature
de la colonie se bornait à l'histoire des quatre fils Aymon, sa
musique au rebec et sa peinture au tatouage. Ou n'imaginerait
pas l'idée fausse que beaucoup de gens, qui savent lire, écrire
et compter, se font encore, en France, de la situation actuelle de
l'Algérie. Je connais, pour ma part (il en est jusqu'à trois que je
pourrais nommer), des rentiers, des propriétaires qui, depuis
un temps immémorial, lisent tous les matins le *Constitutionnel*,
et qui sont encore à classer Alger dans la catégorie des Smyrne,
des Damas et des Tripoli de Barbarie ; qui vous demandent sé-
rieusement si l'on y parle français et si l'on ne risque pas de s'y
faire couper en petits morceaux par les infidèles. Voici comment
il faut expliquer, à mon avis, cette incroyable ignorance. Après
le fait d'armes retentissant qui planta pour toujours le drapeau
français sur les murs de la Casbah, l'histoire de la conquête se
traîna pendant un si grand nombre d'années dans un dédale de
petites escarmouches et de petites mesures gouvernementales, le
tout entrelardé de mots tellement baroques et imprononçables,
que les plus courageux lecteurs perdirent patience et contractè-
rent l'habitude de passer régulièrement la rubrique d'Algérie.

L'assaut de Constantine leur a été connu par ouï-dire ; Horace
Vernet les a initiés à la prise de la Smala. Pour tout le reste, ils
en sont encore au lendemain du départ d'Hussein Dey. Aussi, le
voyage de l'Empereur lui a-t-il été compté, par beaucoup, comme
un fait non moins audacieux que le coup d'État. Des rapins sou-
tenaient que la nature, dans un pays si beau qu'il soit, ne pouvait
suffire à l'éducation d'un artiste ; qu'il lui fallait encore, et surtout, la pratique des maîtres et la fréquentation des musées.
Puis, ceux-là justement auxquels un air plus doux serait non-
seulement utile, mais urgent, des avortons, des infirmes, des
vieillards, objectaient pour se récuser, version grecque, intérêts,
habitudes. — Permettez, faisaient observer à leur tour quelques
lecteurs défiants du journal susdit, vous décrivez l'hiver, et novembre finit à peine. Dans quelle saison mettrez-vous donc janvier et
février ? Le mauvais temps, à Meaux, tarde parfois jusqu'à Noël ;
les plus grands froids prennent alors et règnent environ jusqu'à
la mi-carême. Vous est-il prouvé qu'en Afrique le climat suive
d'autres règles ; et n'aurez-vous pas, dès demain peut-être, à
vous repentir d'avoir trop tôt vendu la peau de l'ours ?

Moi qui craignais d'avoir outré la couleur ! Moi qui tremblais
d'avoir crié trop fort ! Il faut, dit-on, demander mille drachmes
à un avare pour tirer de lui une obole ; c'est par milliers aussi
qu'il faudrait prêcher les gens pour obtenir un prosélyte. Il faut
le tonnerre d'un bombardement pour faire entendre au sourd
le bruit léger d'un psitt ; ne faudrait-il pas des montagnes d'éloquence, Thiers entassé sur Mirabeau, Cicéron sur Démosthènes,
pour arracher seulement un doute à cet amour obstiné du clo-
cher qui semble croître en raison même de l'inclémence des lati-
tudes ? Tombez donc, vains scrupules ! Rampant et éphémère
feuilleton, accomplis librement ta métamorphose ! Endosse l'aile
bleue, jaune ou rose de la brochure, et vole à tous les coins de
ce vieux monde où les peuples sont si tassés, la vie si mono-
tone et le soleil si rare ! Impose-toi, flatte, intrigue, impor-
tune ! Et pour donner, cette fois, plus d'efficacité à ta propa-
gande, arme-toi d'une réfutation aussi péremptoire que possible.
Affile les arguments, enfle les métaphores ; car sans pêcher contre le vrai, toute exagération t'est permise Alger n'est-il pas

lui—même comme une hyperbole de lumière, de chaleur, de gaieté, de mouvement, de vie !

Prouve d'abord qu'il est moins long, moins ennuyeux surtout, de franchir la distance de Paris à Alger, que d'aller seulement de Montmartre à Charenton. Ne faut-il pas, pour ce dernier trajet, commencer par affronter, au milieu d'un va-et-vient terrifiant de voitures, le macadam liquide et profond d'un interminable carrefour, suivre en zigzaguant pour éviter des chocs périlleux, en luttant pour frayer passage à son parapluie, le trottoir exigu qui vous livre sans défense aux éclaboussures du ruisseau, et gagner, non sans en avoir vingt fois demandé le chemin, le bureau de son omnibus. Là, dans un air empesté, sur des banquettes ignobles, en compagnie d'êtres parfois grossiers, attendre, pendant des minutes qui semblent des heures, le passage irrégulier de la lourde voiture. Subir plusieurs *complets* consécutifs. Obtenir enfin, à force de patience, une place étranglée près du conducteur dont le caoutchouc puant ruisselle sur vos habits. Se déganter, quelque froid qui sévisse, pour faire passer, passer et repasser l'argent de ses voisins ; et trottiner en s'arrêtant vingt fois, pendant une heure qui semble un siècle, jusqu'au bureau de la correspondance. Ici, nouvelle attente, nouveaux *complets*, nouvel encaquement et nouveau siècle d'ennui, pour se voir enfin jeté, par la pluie battante, à une station d'arrivée, qui n'est elle-même que le point de départ du trajet pédestre, souvent fort long, qui doit vous conduire au but de votre fastidieux voyage. S'agit-il au contraire d'Alger? Fiacre, vagon et paquebot ne semblent faire qu'un, tant ils se substituent l'un à l'autre avec adresse et promptitude. Bien assis, bien accompagné, bien couché, on peut lire, causer ou dormir, à son choix. Les sites les plus beaux, comme les plus variés, amusent les yeux. C'est Melun et le vert plateau du Lys (j'y reviens souvent, car mon cœur est là) ; c'est la Bourgogne avec ses souvenirs, le cours prestigieux du Rhône, Avignon, la Provence, et la Méditerranée, la plus poétique des mers. On est rendu qu'on se croyait à peine en route ; ce sont ici les heures qui ont passé comme des minutes.

Mais ce seul nom de mer, qui rappelle la traversée, effraie

bien des gens. Ignorent-ils donc que la plupart des médecins
s'accordent à reconnaître aux nausées qu'elle donne des vertus
curatives ? que certains philosophes l'ont déclarée moralisante
au premier chef ? Et, sans aller chercher ni si haut, ni si loin,
moi qui souffre, au moindre roulis, le supplice du martyre, moi
qui vingt fois ai juré de ne plus jamais, au grand jamais, quitter
le plancher des vaches, je ne sais quel attrait me ramène toujours au pays des vagues. Ses colères sont si belles, ses simples
bouderies même si piquantes ! On gémit, on se tord, on se pâme,
soit ; mais on vit dans toute la puissance de son cœur et de son
âme. Comme le passé méconnu semble beau ! comme l'avenir
si sombre apparaît radieux ! comme on aime son prochain !
comme on adore ses amis ! comme on se sent rempli d'indul-
gence, de vertu, de piété ! comme on bénit Dieu pour une foule
de bienfaits dont trop de libéralité nous avait jusqu'alors caché
le prix ! Le mal de mer, en vérité, quand je songe à tous les
avantages qu'il procure, méritait un apologiste. Et quand
bien même, après tout, le voyage entraînerait de cruels déboires,
ne sont-ils pas mille fois payés par les enchantements du but ?
Enchantements, c'est le vrai mot ; et dans leur nombre, il faut
tout d'abord citer les manières affables et le caractère hospitalier
des Algériens. Ceux auxquels j'étais recommandé m'ont traité
comme un ami ; je n'ai trouvé, chez les autres, que douceur,
loyauté, bienveillance ; et même les personnes que j'ai seulement
rencontrées dans la rue m'ont toutes semblé bonnes et sympathiques. Rappellerai-je ici les billets de faveur qui m'ont placé
au premier rang dans toutes les fêtes du voyage impérial ? l'em-
pressement avec lequel m'a été ouvert le petit gymnase dont le
trapèze a contribué si puissamment à l'entretien de ma santé ;
l'obligeance des membres du cercle Duchassaing à traiter si longtemps comme leur un étranger absolument inconnu de la plupart
d'entre eux ; et, tout récemment encore, la flatteuse invitation
de bal dont a bien voulu m'honorer spontanément le plus haut
fonctionnaire civil de la colonie ?

Car, sachez-le, disciples de Bacchus, Momus, Comus et autres dieux hilarieux en *us*, nous avons ici banqueté, dansé,
joué, caracolé, tout l'hiver, aussi bien et mieux peut-être

que vous ne l'avez fait à Paris. Et pour commencer par cette fine *science de gueule* autrefois décriée par l'austère Montaigne, mais ennoblie depuis par l'harmonieux Berchoux et régularisée par le docte Brillat-Savarin, apprenez que nous possédons, à votre instar, des gourmands, de vrais, d'authentiques gourmands, qui pourraient s'en aller manger ailleurs et qui cependant restent dans nos murs et y mangent. Interrogez plutôt Rolland, Camille Gaudet, Valentin. On parlera longtemps de certains repas du grand monde, d'un souper officiel !.. Pour tout dire, nous avons eu, cet hiver, notre Chaussée-d'Antin en miniature et nos Tuilleries au petit pied. Après le champagne, les violons. Il y a dans les colonies naissantes un surcroît de sève, une soif de plaisir, une audace d'expansion, inconnus aux sociétés mûres. Il fallait voir dans nos salons d'architecture mauresque, à l'éblouissante clarté des lustres, sous le treillis embaumé des festons de feuillage et de fleurs qui s'enroulaient en spirale aux fûts salomoniques des colonnes et se tordaient en nœuds à l'angle des ogives, il fallait voir nos beaux danseurs à l'attitude altière, à l'œil étincelant, entraîner à la valse et porter sur leurs bras nerveux la splendide créole à la carnation flamboyante, aux cheveux de jais, à l'onivrant sourire, personnification de notre triomphante Algérie, qui semble déjà dire (l'ingrate!) à sa mère-patrie jalouse : aussi belle et plus jeune ! Il fallait voir au foyer du théâtre l'or des enjeux rouler à flots sur les tapis ; il fallait voir au lendemain de ces fêtes exténuantes qui chez nous eussent coûté huit jours de migraine, il fallait voir sur la route d'Hussein-Dey, entre les vagues bleues qui baisent amoureusement le rivage et les palmiers qui penchent aux crêtes du Sahel, courir les équipages, voler les cavalcades !

Et pour expier tant de plaisirs dérobés au destin jaloux, pas un mal de dents, pas un rhume. Il s'est bien montré pour la forme, à l'ombre des murs étançonnés du palais épiscopal, un Fontanarose avec sa trompette et son toupet roux, mais une demi-douzaine de compères ont seuls, que je sache, expérimenté son adresse. Quant aux docteurs plus honorables de la Faculté, nul doute que la santé publique les laisse bien tranquilles puisque nombre d'entre eux trouvent le temps de composer de gros in-octavo. Renon-

cez donc aussi à cette mauvaise charge des quatre fils Aymon.
Alger est peut-être, proportion gardée, la ville la plus littéraire
du monde. J'en prends à témoin les nombreux étalages de ses
librairies où les éditions du cru rivalisent de volume et d'élé-
gance avec les produits de l'élucubration parisienne. Peu de
jours s'écoulent sans qu'un tome nouveau sorte des presses ou
de Bourget, ou de Bastide, ou de Tissier. Les brochures pleuvent
dru comme grêle. Il faudrait plusieurs feuilles de papier pour
énumérer seulement les auteurs qu'ont inspirés les choses de la
colonie. On ferait même un catalogue assez replet des poètes qui
l'ont chantée, les noms d'Ausonne de Chancel, Désiré Léglise,
Autran et Marie Lefebvre en tête.

Moitié poète et moitié savant, voici blêmir l'horticulteur à la
seule idée de quitter ses dahlias et ses roses qui, pour quelques
semaines de floraison, le condamnent à dix mois de labeur, de
frais et d'attente. Qu'il laisse donc là ces favoris capricieux
et surannés ! Qu'il vienne à loisir, en décembre, en janvier, au
plein cœur de l'hiver, jusqu'à la grille du Jardin d'Essai, qu'il
voie ces avenues de dattiers, ces forêts de bananiers, ces
palissades de bambous, ces cactus, ces musas, ces agaves ; et ces
bosquets touffus, humides, embaumés, à l'ombre desquels s'épa-
nouissent par milliers des fleurs innommées, inconnues dans son
Nord avare ! Ici, point de mécomptes, point de morte-saison ; le
succès est certain et la jouissance illimitée. Qu'il aille au Jardin
Marengo, qu'il examine ces joubarbes pyramidales, ces nobles
euphorbes, ces aloès à l'aigrette purpurine, et je le tiens pour
un digne émule des riverains du Tchad s'il ne conçoit spontanément l'idée d'une révolution dans le monde horticole, s'il ne
trouve dans chacun de ces végétaux merveilleux matière à de
nombreux perfectionnements. Eh ! quoi, la rose, simple d'abord,
pâle, inodore, compte aujourd'hui ses magnifiques variétés par
centaines, et la victoria, reine-née d'hier avec une beauté sou-
veraine, n'en est encore qu'à son premier type.

Non, parmi les savants de toutes branches, il n'en est point
un seul que ne passionnât un séjour de quelques mois sur ce rivage. Il a pour l'astronome un ciel clair, des constellations
d'élite, et même une réputation d'observatoire assez bien établie

récemment par la faveur toute particulière d'une éclipse totale invisible à Paris. Pour l'archéologue, les maisons bizarres mais charmantes aussi de la ville haute formant un singulier contraste avec les somptueux palais dont on s'occupe à border les rues neuves et le quai de l'Impératrice. Pour l'antiquaire, des ventes à l'encan de tessons et de ferrailles qui n'attendent que son suffrage pour prendre rang de curiosités.

Appel suprême aux artistes surtout. Quoi ! de longs jours, pas de brouillards, pas de froids ; partant, ni chômage forcé, ni calorifère coûteux et malsain. Les doigts marchent sans grelotter et la couleur échappe au traître siccatif. Le travail d'atelier lasse-t-il ? la nature est là, toujours belle et posant toujours. C'est l'espalier aux facettes nacrées de la cité musulmane, avec ses minarets blancs, ses dômes blancs, ses murs blancs piqués de voûtes sombres, ascendantes ou déclives, au bout desquelles resplendit, comme dans un cadre de velours noir, un coin de ciel ou de mer azurée. C'est la montagne dont les pentes ombreuses et les gorges sauvages pourraient lutter victorieusement avec les sites les plus renommés de Marlotte et de Barbizon. C'est la baie dont la courbe est si gracieuse et dont les eaux, mouchetées de voiles et de goëlands, changent vingt fois d'aspect du matin au soir. C'est le Maure avec son burnous aux plis académiques ; le Laghouati demi-vêtu sur ses mollets bronzés dont l'Hercule Farnèse serait jaloux. C'est encore le svelte yaouled avec son profil sémitique et les fines attaches de son cou digne du ciseau de Phidias. La seule raison que l'on donne aujourd'hui de la supériorité des sculpteurs grecs, c'est l'aspect continuel du nu qu'ils devaient à la simplicité du costume antique. Vos musées, vos pinacothèques, dont la fréquentation est regardée comme si nécessaire à l'éducation des artistes, mais que sont-ils autre chose qu'une insuffisante compensation à la nature presque toujours absente ou cachée dans le Nord ? Là où les champs sont stériles et les arbres dépouillés huit mois sur douze, là où l'homme toujours luttant contre les intempéries ne se montre qu'empaqueté comme une momie d'Égypte, il faut bien des tableaux, il faut bien des statues, pour entretenir le sentiment du beau dans le cœur des artistes. Quelques-uns, du reste, ont

déjà compris l'immense avantage du modèle en permanence ; et
les Vernet, les Fromentin, les Lazerges, les Dallemagne, ont
fondé comme une petite école algérienne dont l'exemple sera
plus puissant que toutes les brochures du monde.

Je suis un peu des leurs, Dieu merci ; mais que ne suis-je encore médecin, encore gouvernement ! Je n'ai que des pinceaux,
je n'ai que des paroles, il faudrait des ordonnances, des décrets,
pour arracher au climat affreux de Paris qui les étiole, ces chétifs enfants qu'un seul hiver passé chez nous suffirait pour rendre
à jamais sains et forts ; pour gagner à la bienfaisance de notre
ciel qui guérit, console et rajeunit, ces phthisiques, ces scrofu-
leux, dont les frimas hâtent la catastrophe ; ces splénétiques, ces
hypocondres, que la monotonie de la vie casanière accable ; ces
octogénaires, ces moribonds, aux yeux usés, au sang glacé
desquels la chaleur et la lumière du pays natal ne suffisent plus.
— Mère tendre et chérie, vous qu'au moins j'étais sûr de toucher
sinon de convaincre, vous seriez déjà là, près de moi, dites-
vous, n'étaient les appréhensions du départ et la chaîne des habitudes. Soit, nous n'en parlerons plus ; mais quelque soir, à l'entrée
d'un de ces longs hivers dont l'âpreté vous est si funeste, je pous-
serai le fauteuil dans lequel vous dormez si bien, et le roulerai
doucement, doucement, jusqu'à l'agréable chambre où j'écris ces
lignes ; et quand vous trouverez, au réveil, cet horizon magique,
ce soleil éclatant, cet air délicieux, qui me tiennent depuis bientôt
six mois sous leur charme, vous bénirez mon pieux stratagème,
et ne regretterez, j'en suis certain, ni votre parapluie, ni vos
tisons, ni vos douleurs.

Quelques mots pour finir à ces lecteurs défiants qui m'accu-
sent, non sans quelque raison, il faut l'avouer, d'avoir, comme
Vertot son siége, fait mon hiver d'avance. Au 3 décembre, en
effet, je ne pouvais parler que par ouï-dire ou par induction ;
mais les mois sujets à caution sont passés maintenant, et je puis
affirmer *de visu* qu'ils ont été plus doux, plus aimables encore
que je n'aurais osé l'espérer. Les cinquante-trois jours de pluie
annoncés par la statistique se sont trouvés réduits à 10 ou 12.
On cite, il est vrai, cette année comme une exception ; mais
doublez, triplez, quadruplez même à la rigueur la dose, et nous

aurons encore un total bien discret. J'ai pu flâner, herboriser,
lire et peindre en plein air tous les jours. Les fleurs de septem-
bre finies, d'autres ont pris leur place, et la nature incessamment
active ne s'est pas un seul instant reposée. Aux clématites, aux
cyclamens, ont succédé les genêts, les iris, les jacinthes et les
asphodèles. Bientôt, le cerisier, l'amandier, l'aubépine, se sont
comme saupoudrés d'une neige embaumée de fleurs, la seule qu'ils
aient jamais connue. Les marguerites et les violettes ont diapré
le gazon des collines, alors qu'au fond des vallées grandissait, à
se perdre dedans, une véritable forêt de mauves, de gaudes *(re-
seda luteola)* et de chrysanthèmes que picoraient des essaims d'a-
beilles et des nuées de papillons.

Si la peur d'ennuyer ne retenait ma plume, je détaillerais ici les
plaisants épisodes, les travaux adorés, les enfantines joies de
ces excursions champêtres qui resteront le plus cher souvenir
de mon heureux passage. O vallée des Consuls, ô côteaux d'El-
Biar, à quel Éden vous comparer dans ma reconnaissance? Un
Lamartine qui vous chante, un Marilhat qui vous peigne, et c'est
fait des réputations européennes de Sorrente et de Tivoli. L'opi-
nion d'un seul peut faillir; aussi, n'oserais-je que timidement
hasarder la mienne si plusieurs compagnons de promenade, mo-
dérément artistes et médiocrement poètes, cependant, n'avaient
partagé mes transports. L'un d'eux qui, venu de Bordeaux par
l'Espagne, devait achever sa tournée par la Sicile et l'Italie, aban-
donna même, pour rester le plus de temps possible à Alger, ce
séduisant itinéraire. — Où pourrai-je rien voir d'aussi beau, di-
sait-il; où trouver surtout plus de bonheur? Il me faudra, je le
crains bien, demeurer maintenant des siècles sans bouger; ce
pays m'a gâté pour longtemps les autres... Aimez-vous les par-
ties nautiques? Moins vaste et moins superbe, il est vrai, que le
golfe de Naples, la baie d'Alger n'en offre pas moins les salutai-
res distractions de la pêche et du canotage. On immerge la ligne,
on lève l'épervier ; toujours avec succès; le poisson abonde. On
côtoie la plage du Hamma, et chaque soupir de la brise, et chaque coup de l'aviron change à volonté le décor. Le temps fait-il
défaut pour un si long trajet, on se borne à tourner le môle, et
l'on met pied à terre sur les récifs de Bab-el-Oued, non sans

avoir admiré cette carrière d'albâtre, ce triangle blanc, ce trapèze marqueté, cette voile latine, cet escalier de géants, cet amphithéâtre, enfin, de la vieille cité barbaresque, qui fera toujours, en dépit de mille comparaisons demeurées vaines jusqu'à ce jour, l'étonnement de celui qui l'observe pour la première fois. Durant toute une semaine, on a pu se donner les saisissantes émotions d'un naufrage. Il n'est pas un Algérien qui n'ait voulu voir de près et toucher du doigt le vaste et lamentable débris de cette pauvre *Reine-Mathilde* échouée sur le rocher de *Mlahan*, non par l'effet d'une tempête, ainsi qu'on pourrait croire, mais à cause de la bénignité même de la mer dont la surface endormie dissimulait fatalement ce rocher que le plus faible flot suffit à découvrir. Je n'ai eu, du reste, à constater que deux ou trois fois, depuis mon arrivée, ces ouragans, ce Neptune colérique (*mare sœvum*), dont les auteurs anciens nous ont laissé de si sombres tableaux.

En ville, où suffiraient au besoin, comme partout ailleurs, l'intérêt des affaires et les distractions du logis, c'est encore au climat qu'on a dû les plus vifs plaisirs. Il est bien peu de jours qu'on n'ait pu fumer son cigare sur les bancs de la place, où l'on n'ait vu s'aligner en cercle, au pied du cavalier de bronze, les fanfares de la garnison ; où l'on n'ait joui des rayons de ce soleil dont la force non moins que la constance étonne. Les bains de mer n'ont pas subi la moindre interruption. Les visites du nouvel an se sont faites en toilette d'été ; les rois de la fève ont pu se couronner à vil prix de rose et d'héliotrope. Le carnaval, bien que très précoce cette année, n'a pas offert de moins curieux anachronismes. A voir, en face des côteaux verdoyants du Faz, sous le ciel d'un bleu profond, aux clartés d'un astre torride, dans les tourbillons d'une poussière dorée, ces robes de gaze, ces parasols, ces panamas, ces masques débraillés, ces spectateurs joyeux dont les costumes légers attestaient la douceur du temps, il semblait que le jour du mardi-gras lui-même eût voulu se déguiser en jour de la Saint-Jean.

Pourquoi donc, à ce propos, les débardeurs, pierrots, bébés et chicards algériens, au lieu de rentrer, le soir, pour terminer à couvert ces jours de folie, ne resteraient-ils pas à crier, intriguer,

sauter et pirouetter toute la nuit dehors ? Si beau que soit leur
théâtre dont le parterre et la scène, transformés en salle de bal,
offrent exactement, à part les dimensions, le coup-d'œil féerique
du grand Opéra de Paris à pareille époque ; si joli que soit le
Prado avec ses fresques bizarres et ses inscriptions préventives
(*Défense de danser indécemment et avec des* ÉPRONS); ces lieux
clos et plafonnés ne sauraient valoir, malgré leurs ornements,
la voûte et l'horizon étoilés du bon Dieu. Pour ma part, après
moins d'une heure passée par curiosité dans l'atmosphère étouf-
fante et viciée de ces bacchanales, heurté, foulé, laminé par des
masses profondes de balochards auxquels manquait l'oxygène et
l'espace, les deux choses les plus évidemment indispensables au
genre de plaisir qu'ils étaient venus chercher, ce n'est pas sans
un sentiment de bien-être infini que j'ai retrouvé l'air généreux,
l'excellente température et la splendide décoration de la place.
Quel plus admirable salon ! Les fêtes de nuit ne pourraient-elles
donc pas aussi bien s'y tenir ? On le festonnerait, on l'enguirlan-
derait. Des baraques de pâtissiers et de rôtisseurs en borderaient
le pourtour. Les arbres, les maisons et les monuments seraient
illuminés comme pour la visite de l'Empereur. Entraînés par
l'exemple, les tièdes se joindraient aux effrénés, et, pour cinq
cents titis, on en aurait dix mille. Sans compter les indigènes,
dont les costumes étranges, éclatants, multicolores, ajouteraient
naturellement à l'effet de la mascarade. Les Nègres piqués d'é-
mulation, les Aïssaoua eux-mêmes dont les contorsions et les
cabrioles dépassent tout ce que le délire de la fièvre et les hallu-
cinations du cauchemar peuvent fournir de plus extravagant,
viendraient joindre leurs cérémonies diaboliques aux entrechats
dégingandés de la chorégraphie mabilienne, et la réputation du
carnaval d'Alger, se répandant comme l'éclair aux quatre coins
du monde, primerait ceux de Rome et de Venise d'ailleurs depuis
longtemps déchus. Les petites causes ont eu parfois de grands
effets. Qui sait si la colonisation, un peu boiteuse pour l'heure
(au gré des impatients, du moins), ne prendrait pas, à la faveur
de cette vogue, un essor inattendu ! Bref, pour en revenir au
doux climat dont cette digression n'est, après tout, qu'une nouvelle et surabondante preuve, nous n'avons eu de l'hiver que le

nom ; le mois dernier c'était encore l'automne, et celui-ci c'est déjà le printemps.

C'est même déjà l'été. Quand le soleil de plus en plus brûlant darde d'aplomb sur mes fenêtres, il m'est déjà bien difficile de rester chez moi sans fermer les persiennes. Aux molles brises qui le soir viennent caresser les orangers de la Tour-du-Pin, aux reflets plus fauves et comme plus veloutés de la lune sur la coupole des mosquées, à je ne sais quel bruissement lointain, vague, indéfini, qui passe par instants dans l'air, je commence à retrouver la poésie des belles nuits d'Orient sous le solstice de juin. Exploré-je, avec mon lourd attirail de peintre sur le dos, quelque gorge encore inconnue du vallon des Oublis-Utiles, déjà la chaleur interrompt ma course et me contraint au repos. Je m'assieds alors au pied d'un de ces pistachiers touffus de la flore africaine dont l'élégante ramure et l'éternel feuillage sont une fête pour les yeux comme une volupté pour les sens. Et je regarde la mer, et voyant glisser sur ses eaux chaque jour plus calmées le bateau du courrier vers l'horizon du Nord, je songe que mon tour aussi sera bientôt venu de partir. Alors, sans plus de regret pour ce cher pays qu'on n'en a de quitter, certain de les retrouver à l'occasion, son cache-nez et ses fourrures, je sens battre mon cœur à l'idée de revoir bientôt ma patrie. Rétabli, remonté, par six mois de vie active et d'occupations sympathiques, combien ne serai-je pas plus propre à profiter des beaux jours, plus apte à jouir des tendres amitiés que tu me gardes, France ! qu'au sortir de ces détestables hivers dont ma santé et mon humeur conservaient si longtemps la trace. Instruit par ce premier et concluant hivernage, me voilà, de plus, à jamais délivré des tristesses et des maux que me causait, chaque automne, la seule appréhension du retour des froids. Quand les brouillards d'octobre envahiront le ciel, quand les premiers autans effeuilleront les bois, quand le spleen et le coryza feront mine de me reprendre, je pourrai braver leurs menaces, car je suis sûr d'un lieu d'asile.

Et la brochure fut.

Alger, 3 mars 1861.

Alger. — Imprimerie de A. Bourget, rue Sainte, 2.

www.ingramcontent.com/pod-product-compliance
Ingram Content Group UK Ltd.
Pitfield, Milton Keynes, MK11 3LW, UK
UKHW020039080726
13614UKWH00004B/1869